Franz Schmidberger

Die Kirche - Unsere Freude, unsere Liebe, unser Leben, unser Stolz

Franz Schmidberger

Die Kirche - Unsere Freude, unsere Liebe, unser Leben, unser Stolz

Fromm Verlag

Imprint

Cover image: Vom Autor bereitgestellt

Publisher:
Fromm Verlag
is a trademark of
International Book Market Service Ltd., member of OmniScriptum Publishing Group
17 Meldrum Street, Beau Bassin 71504, Mauritius

Printed at: see last page
ISBN: 978-620-2-44196-4

Die Kirche

unsere Freude, unsere Liebe, unser Leben, unser Stolz

Vortrag von P. Franz Schmidberger

am 2. September 2012 in Fulda

Die Kirche, unsere Freude, unsere Liebe, unser Leben, unser Stolz

Vortrag von Pater Franz Schmidberger bei der Distriktswallfahrt am 2. 9. 2012 in Fulda

Zu unserem Thema gehört die Darlegung über die Kirche, über das Geheimnis der Kirche als dem *mystischen Leib* Jesu Christi. Wir fassen unsere Ausführungen in zehn Punkte.

I.

Der Mensch ist von Gott geschaffen als ein Gemeinschaftswesen. Die Gemeinschaft ist nicht einfach eine Ansammlung von Individuen, sondern in Ordnung und Harmonie aufgebaut. Bereits als Kind ist der Mensch, wenn er zur Welt kommt, auf seine Umgebung angewiesen. Und so ist es der Erwachsene, so ist es selbst die Familie. Nur die Vereinigung von Mann und Frau kann das Leben weitergeben, nicht der einzelne Mensch, nicht das Individuum. Man nennt nun in der

Philosophie oder in der Gesellschaftslehre eine Gesellschaft dann vollkommen, wenn sie aus eigener Kraft heraus ihren Bestand sichern und ihr Ziel erreichen kann. In diesem sehr präzisen Sinn ist die Familie eine unvollkommene Gesellschaft, weil sie andere Familien braucht, um ihr Ziel erreichen zu können. Eine Familie kann nicht daran gehen, Straßen zu bauen, ein Krankenhaus zu errichten oder Güter aus weit entfernten Gegenden importieren. So ist auch das Dorf, so auch die Stadt keine vollkommene Gesellschaft. Vereine sind keine vollkommene Gesellschaft in diesem Sinn. In diesem präzisen Sinn ist auf dem natürlichen Gebiete allein der Staat, die Volksgemeinschaft, eine vollkommene Gemeinschaft, d.h. sie kann aus eigener Kraft heraus ihr Ziel erreichen.

II.

In der Gnadenordnung passt Gott sein Heilswirken seiner eigenen Schöpfungsordnung an. Als unsere Stammeltern, Adam und Eva, in Sünde gefallen, aus dem Gnadenstand herausgefallen waren, erwählte Gott einen einzelnen Menschen, nämlich Abraham, um, wie er ihm sagte, ihn zu einem großen Volke zu machen, und ein Spross dieses Volkes sollte den Segen für alle Völker der ganzen Erde bedeuten. Gott schenkt Abraham diese doppelte Verheißung. Wir kennen die weitere Geschichte der Nachkommen Abrahams, wie sie sich in Ägypten vermehren, zu einem großen Volk heranwachsen, die Ägypter sie unterjochen, Moses sie aus dem Lande der Knechtschaft herausführt; wir wissen um die 40-jährige Wanderschaft dieses Volkes durch die Wüste. Am Berge Sinai schließt Gott mit ihm einen besonderen Bund. Er macht es zu *seinem* Volk, zu *seinem* Eigentum, zu *seinem* Erbteil. Er macht aus diesem Volk seine Brautnation, und er schärft diesem Volke ein, es dürfe keine anderen Götter neben ihm haben. Das erste Gebot, das Gott am Sinai dem auserwählten Volk, und damit der ganzen Menschheit gibt, lautet so: *„Ich bin der Herr, dein Gott; du sollst neben mir keine anderen Götter haben“* (Ex XX). Und Gott wacht eifersüchtig über die Treue dieses seines Volkes. Als dann unser Herr und Heiland vom Himmel herniedergestiegen ist, um alle Dinge nach dem Sündenfall in seiner Gnade zu erneuern, da erwählt er Jünger. Aus ihnen erwählt er 12 Apostel, die nach seinem Leiden und Sterben, nach seiner siegreichen Auferstehung, nach seiner glorreichen Himmelfahrt und der Aussendung des Heiligen Geistes als seine Stellvertreter sein Werk fortsetzen sollten. Er gibt ihnen den Befehl: *„Geht hinaus in alle Welt und lehret alle Völker. Predigt das Evangelium, predigt die gleiche Wahrheit, den gleichen Glauben, die gleiche Offenbarung Gottes, die ich selber den Menschen kundgetan habe. Und dann taufet sie“* (vgl. Mt XXVIII, 19-20). Und weiter befiehlt er ihnen: *„Tut dies zu meinem Andenken. Feiert dieses mein Opfer, das ich auf Golgota vollbracht habe für die Erlösung der Menschheit, feiert dieses mein Opfer für alle Zeiten fort“* (vgl. Lk XXII, 19). Die hl. Messe ist ja die unblutige Erneuerung des blutigen Kreuzesopfers von Kalvaria, das für alle Zeiten fortgesetzt werden soll. Er gibt seinen Aposteln den Auftrag, die Sünden nachzulassen: *„Denen ihr die Sünden nachlassen werdet, denen sind sie nachgelassen; denen ihr sie behalten werdet, denen sind sie behalten“* (Joh XX, 23). Christus setzt also sein Heilswirken in den 12 Aposteln und ihren Nachfolgern fort bis zum Ende der Zeiten. Alles, was Christus selber getan hat, das sollen die Apostel und ihre Nachfolger durch die Jahrhunderte hindurch fortsetzen.

Nichts anderes sollen sie tun als das Gleiche, das Christus getan hat. Somit ist die Kirche erbaut auf dem Fundament der 12, als der fortlebende, der fortwirkende, der in Raum und Zeit sich ausweitende und sich mitteilende Christus. Darum das Wort des göttlichen Meisters: „*Wie mich der Vater gesandt hat, so sende ich euch*" (Joh XX, 21). Der Vater sendet seinen Sohn in die Welt, der Sohn sendet seine Kirche, um in ihr sein Erlösungswerk weiterzuführen. Es ist genau dieselbe Sendung, es ist derselbe Auftrag, es ist dieselbe Autorität. Die allerheiligste Dreifaltigkeit, der menschgewordene Gott, unser Herr Jesus Christus und die heilige Kirche bilden eine untrennbare Einheit. Man kann nicht die Kirche von Christus trennen und Christus von der Kirche. Man kann nicht Christus vom Vater trennen und den Vater von Christus. Vater und Sohn zusammen hauchen den Heiligen Geist, der der Lebensodem, der die Seele dieser Kirche ist. Ein schöner Vergleich rückt die Verbindung zwischen Christus und seiner Kirche ins helle Licht, nämlich der Vergleich mit der Sonne und den Strahlen: Wie es ohne Sonne keine Strahlen gibt, so gibt es ohne Christus keine Kirche; andererseits setzt sich die Sonne in den

Strahlen fort, weitet sich aus, dringt bis zu uns und spendet aus der Sonnenglut Licht und Wärme. So ist es mit der Kirche: Durch sie setzt sich Christus selber fort. Das ist von grundlegender Bedeutung. Damit ist klar ausgesagt, dass man in die Kirche nicht nach Lust und Laune eintritt, wie in einen Fußballverein und dann wieder austritt, wenn man ihrer mit ihren Ritualen, Dogmen und Vorschriften überdrüssig geworden, sondern dass man durch die Kirche hindurch mit Christus verbunden ist. Es gibt keine andere Christusverbundenheit als durch die Kirche hindurch, wie wir auch die Sonne nicht anders sehen können, als durch ihre Strahlen, durch ihr eigenes Licht, das sie aussendet. Der Seher von Patmos, der hl. Evangelist und Apostel Johannes, beschreibt im ersten Kapitel der Geheimen Offenbarung diese Wahrheit in den Worten seiner Vision: *„Wie ich mich umwandte, sah ich sieben goldene Leuchter* - das sind die sieben Ortskirchen Kleinasiens - *und inmitten der sieben goldenen Leuchter die Gestalt eines Menschensohnes.“* Also Christus inmitten seiner Kirche. *„Er trug einen wallenden Mantel und um die Brust einen goldenen Gürtel. Sein Haupt und seine Haare waren weiß wie schneeweiße Wolle, seine*

Augen wie Feuerflammen, seine Füße wie in der Esse geglühtes Erz, seine Stimme wie das Rauschen gewaltiger Wasser. In seiner Rechten hielt er sieben Sterne" (Offb 1,12-16). Wir sehen also, wie Christus diese sieben Ortskirchen in seiner Hand hält; wie diese von ihrem göttlichen Herrn und Bräutigam völlig abhängig sind, so wie eben die Strahlen völlig abhängig sind von der Sonne. Man sieht anhand dieser Stelle in der Geheimen Offenbarung, wie Christus in seiner Kirche lebt und wirkt und durch seine Kirche hindurch wirkt. In der Tat identifiziert sich Christus vollkommen mit seiner Kirche: Als Saulus, der spätere Paulus, der größte Apostel aller Zeiten, auf dem Wege nach Damaskus war, um dort die Christen gefangen zu setzen und nach Jerusalem zu schleppen, wird er vom Pferd geschleudert durch ein geheimnisvolles Licht, und eine Stimme ruft ihm zu: „*Saulus, Saulus, warum verfolgst du mich?*" Saulus fragt: „*Wer bist du, Herr?*" (Apg IX, 4ff), und die Stimme antwortet ihm: „*Ich bin Jesus, den du verfolgst.*" Saulus hat keineswegs Christus in Person verfolgt; vielmehr hat er die Christen verfolgt. Aber Christus fragt ihn: Warum verfolgst du mich?, denn Er identifiziert sich mit seiner Kirche. So spricht der Priester in geheimnisvoller Weise in den Wandlungsworten: „*Das ist mein Leib*“. Er weiß sehr wohl, dass es nicht *sein* Leib ist, aber es ist die Stimme Jesu Christi, es ist das Wirken Jesu Christi, das hier zur Geltung kommt. Wenn der Priester die Wandlungsworte abändern und sagen würde: *Das ist der Leib Christi,* dann käme die Wandlung nicht zustande, weil dann Christus sich nicht mehr mit seinem Diener vollkommen identifizieren würde, weil der Diener dann nicht mehr das Werkzeug seines Herrn wäre. *Das ist mein Leib* - spricht Christus durch den Priester hindurch. Der hl. Augustinus hat in seinem Kommentar zum Johannes-Evangelium wunderbare Worte gefunden, wo es um die Taufe Christi geht. Er sagt folgendes: „*Die Taufe ist immer die Taufe Jesu Christi. Wenn Petrus tauft, so ist es nicht die Taufe des Petrus. Wenn Paulus tauft, dann ist es nicht die Taufe des Paulus. Wenn Judas taufen würde, dann wäre es nicht die Taufe des Judas, sondern es ist jedes Mal die Taufe Jesu Christi. Wenn es nämlich die Taufe des Petrus oder des Paulus oder des Judas wäre, dann gäbe es verschiedene Taufen, und jede Taufe hätte einen verschiedenen Wert, je nach dem Grad der Heiligkeit des Taufspenders. Aber so ist es nicht. Jede Taufe, jede gültige Taufe hat den gleichen Wert, weil sie jedes Mal die Taufe Jesu Christi ist. Weil Christus durch seine Kirche hindurch handelt.*"

III.

Christus hat in seiner menschlichen Natur ein dreifaches Amt inne:

1. Er ist Lehrer oder Prophet,

2. Hoherpriester des Neuen Bundes, und

3. Hirte oder König des ganzen Menschengeschlechtes und einer jeden Seele.

Diese drei Ämter in Christus kann man an verschiedenen Stellen der Heiligen Schrift ausmachen; z.B. sagt der hl. Johannes in seinem Prolog: „*Gott hat nie jemand gesehen, der Eingeborene, der im Schoße des Vaters ist, der am Herzen des Vaters ruht, der hat uns davon Kunde gebracht*" (Joh I, 18). Hier geht es also um die Offenbarung der ganzen Weisheit, der ganzen Wahrheit, des ganzen Lichtes Gottes durch unseren Herrn Jesus Christus, der in seiner menschlichen Seele aufgrund der beseligenden Anschauung Gottes alle Pläne Gottes, der Schöpfung und Erlösung wie auch das Schicksal einer jeden Menschenseele schaut. Somit bringt er uns Kunde vom Vater, von seiner eigenen Gottheit und seinem Erlöseramt wie auch vom Heiligen Geist.

Der hl. Paulus beschreibt in seinem Brief an die Hebräer Christus als Hohenpriester des Neuen Bundes. Er ist nämlich der vollkommene Mittler zwischen Gott und den Menschen, weil er Gott und Mensch in einem ist und folglich einerseits die Interessen Gottes bei den Menschen vertritt, andererseits für die Menschen am Throne Gottes eintritt

Sodann sagt Christus selbst: „*Ich bin der gute Hirt. Ich gebe mein Leben hin für meine Schafe.*" Und vor Pilatus bekennt er: „*Ja, ich bin ein König.*" Schon bei der Verkündigung spricht der Erzengel Gabriel von diesem Königtum: „*Gott der Herr wird ihm den Thron seines Vaters David geben. Er wird über das Haus Jakobs herrschen in Ewigkeit, und seines Reiches wird kein Ende sein.*"

Wenn nun die Kirche der in Raum und Zeit fortlebende Christus ist, dann müssen sich diese drei Ämter auch in der Kirche wiederfinden. In der Tat hat die Kirche ein *Lehramt* inne, weil Christus Lehrer ist; und sie predigt genau die gleiche Wahrheit, sie verkündet jene Offenbarung, die Christus ihr in die Hände gelegt hat. Die Kirche hat ein *Priestertum*, und dieses Priestertum ist nichts anderes als eine sakramentale Teilhabe am Hohepriestertum Jesu Christi. Jeder Priester des Neuen Bundes ist sozusagen ein Teil des Gesamtchristus als Hoherpriester. Jeder Priester ist eine Repräsentation Jesu Christi, handelt im Namen Jesu Christi. Wenn Jesus Christus aufhören würde, Hoherpriester zu sein - was freilich unmöglich ist - dann wäre jeder menschliche Priester sofort wieder ein ganz gewöhnlicher Mensch, der keine Wandlung mehr vollziehen, keine Sünden mehr nachlassen, keine Sakramente mehr spenden könnte. Jeder Priester würde sofort sein Priestertum verlieren, so wie die Sonne, wenn sie nicht mehr scheint, auch keine Strahlen mehr aussendet. Weil Christus schließlich Hirt und König ist, hat die Kirche die Aufgabe, die Menschen zu leiten, durch weise Gesetze auf den Weg des Heiles zu führen und sie auf diesem zu bewahren, um sie so ihrer ewigen Bestimmung, dem Himmel, entgegen zu geleiten. Sie hat das *Hirtenamt* inne.

IV.

Diese Verbindung zwischen Christus und seiner Kirche ist nicht nur eine untrennbare, sondern auch eine überaus innige, wie sie inniger und tiefer überhaupt nicht sein könnte. Christus verheißt Petrus, dass er auf ihn seine Kirche bauen werde; nicht irgendeine Kirche, sondern die Kirche. Nach seiner Auferstehung gibt er ihm den Auftrag, seine Schafe zu hüten, über seine Herde zu wachen. Er selbst ist und bleibt also der oberste Hausherr, das unsichtbare Oberhaupt der Kirche; Petrus, das sichtbare Oberhaupt, ist nur sein Stellvertreter. Nicht Petrus ist Quell der Gnade, sondern Christus.

Diese Verbindung zwischen Christus und seiner Kirche wird wunderbar dargestellt im Gleichnis vom Weinstock und den Reben im 15. Kapitel des hl. Johannes: „*Ich bin der wahre Weinstock und mein Vater ist der Weingärtner. Jede Rebe an mir, die keine Frucht bringt, schneidet er ab, und jede Rebe, die Frucht bringt, reinigt er, damit sie noch mehr Frucht bringe. Ihr seid schon rein kraft des Wortes, das ich zu euch gesprochen habe. Bleibet in mir, und ich bleibe in euch. Wie die Rebe aus sich selbst keine Frucht bringen kann, wenn sie nicht am Weinstock bleibt, so auch ihr nicht, wenn ihr nicht in mir bleibet.*“ Der Christ kann also keine Frucht für die Ewigkeit bringen, wenn er nicht in Christus bleibt, in einer lebendigen Verbindung mit ihm steht. Derselbe Lebenssaft durchströmt Weinstock und Reben; so teilt uns Christus sein eigenes göttliches Leben mit. Wenn eine Rebe abgeschnitten wird oder sich vom Weinstock trennt, dann verdorrt sie. „*Wer in mir bleibt und in wem ich bleibe, der bringt viele Frucht. Ohne mich könnt ihr nichts tun. Wer nicht in mir bleibt, wird wie ein Rebzweig weggeworfen und er verdorrt. Man hebt ihn auf und wirft ihn ins Feuer zum Verbrennen. Wenn ihr in mir bleibet und meine Worte in euch bleiben, so bittet, um was ihr wollt, es wird euch zuteilwerden.*“

In der Eucharistierede im 6. Kapitel des hl. Johannes belehrt uns der Herr: „*Wer mein Fleisch isst und mein Blut trinkt, der bleibt in mir und ich in ihm. Wie mich der lebendige Vater gesandt hat und ich durch den Vater lebe, so wird auch der, der mich isst, durch mich leben.*“ Die Eucharistie hat demnach eine hervorragende Bedeutung im Aufbau des mystischen Leibes Jesu Christi, der heiligen Kirche. Sie vollendet die Eingliederung der einzelnen Seele in diesen mystischen Leib.

Darum sagt der Herr zu seinen Aposteln: „*Bleibet in meiner Liebe - manete in dilectione mea.*“ Wenn sich ein Christ von Christus und seiner Kirche trennt, dann verliert er jegliches übernatürliche Leben. Der hl. Paulus hat diese Verbindung mit Christus, diese Lebens-, Leidens- und Liebesgemeinschaft sehr tief verstanden. Am Ende seines Lebens sagt er: „*Nicht mehr ich lebe, sondern Christus lebt in mir*“ (Gal II,20).

V.

Die mit Christus vereinigten Gläubigen bilden ein strukturiertes Ganzes, wie der hl. Paulus in seinen Briefen in wunderbarer Weise darlegt. Er spricht von einem geheimnisvollen Bau. So sagt er im 2. Kapitel des Epheser-Briefes, V. 19-22: „*So seid ihr nicht mehr Fremdlinge und Beisassen, sondern Mitbürger der Heiligen und Hausgenossen Gottes. Ihr seid auf dem Fundament der Apostel und der Propheten aufgebaut und Christus Jesus selbst ist der Eckstein. In ihm ist der ganze Bau fest zusammengefügt und wächst zu einem heiligen Tempel im Herrn empor. In ihm werdet auch ihr zu einer Wohnung Gottes im Geiste mit auferbaut.*“ Die Gläubigen sind folglich ein heiliger Bau, das Haus Gottes, der Tempel und das Heiligtum des Allerhöchsten. In diesem Gebäude ist Christus selber der Eckstein oder der Abschlussstein im Gewölbe, der das ganze Gewölbe und den ganzen Bau zusammenhält. Die einzelnen Gläubigen werden als lebendige Steine diesem Gebäude eingefügt, und so wächst der ganze Bau heran. Es handelt sich nicht einfach um einen Steinhaufen, sondern um ein strukturiertes, planmäßig ausgeführtes Bauwerk. Weiter spricht der hl. Paulus von der Kirche und von den Christen als von einer Pflanzung: *„Ich habe gepflanzt“*, sagt er im 3. Kapitel des 1. Korintherbriefes. Er führt diese Überlegung weiter, indem er darlegt: *„Ihr seid Gottes Ackerfeld, ihr seid Gottes Bauwerk.“* Eine Pflanzung ist nicht ein wildes Gestrüpp, noch ein paar willkürlich wachsende Bäume, sondern eine nach Plan angelegte Plantage. So ist es mit der hl. Kirche: Sie hat eine Struktur, und jeder Gläubige in dieser Pflanzung hat dort seinen ganz persönlichen Platz, mit seiner ganz persönlichen, individuellen Aufgabe inne.

Dann vergleicht der hl. Paulus das Verhältnis zwischen Christus und der Kirche mit einer Ehe: Christus ist der Bräutigam, die Kirche ist die Braut. *„Ihr Männer, liebet eure Frauen, wie Christus die Kirche geliebt und sich für sie* *hingegeben hat, um sie durch das Wort des Lebens in der Wassertaufe zu reinigen und zu heiligen. Auf diese Weise sollte er sich eine Kirche bereiten, strahlend rein, ohne Flecken, ohne Runzeln oder dergleichen, sondern heilig und makellos. So sollen auch die Männer ihre Frauen lieben, wie ihren eigenen Leib*" (Eph V, 25-27). Wie die Eheleute zu einem einzigen Leib zusammenwachsen, so Christus und seine Kirche zum Gesamtchristus, dem Haupt mit den Gliedern. Das Verhältnis zwischen Christus und der Kirche ist das Verhältnis zwischen zwei guten christlichen Eheleuten.

Dann fügt der hl. Paulus ein viertes Bild an, auf das wir näher eingehen wollen: Die Kirche ist wie ein Leib, der vom Geiste Jesu, vom Heiligen Geist, beseelt ist. Dieser Geist kann niemals gegen Jesus Zeugnis ablegen, sondern kann ihn nur als den Herrn verkünden: „*Darum tue ich euch kund: Niemand, der im Geiste Gottes redet, sagt: Verflucht sei Jesus, und niemand kann sagen: Jesus ist der Herr, als nur im Heiligen Geist*" (1 Kor XII, 3). Die Gläubigen, die diesem Leib eingegliedert sind, können nur im Heiligen Geiste sprechen. Der Völkerapostel fährt fort: „*Es gibt verschiedene Gnadengaben, aber es ist derselbe Geist; es gibt verschiedene Ämter, aber ist derselbe*

Herr"; d.h. dieser Heilige Geist, der die Seele der Kirche ist, belebt sie und gibt ihr überall Fruchtbarkeit, Wachstum und Kraft. *„Es gibt verschiedene Wunderwirkungen, aber es ist derselbe Gott, der alles in allem wirkt.*" Paulus führt diese Gnadengaben auf; er spricht von der Gabe der Weisheit, der Gabe der Erkenntnis, der Glaubensgabe, der Gabe der Heilung, der Wunderkräfte, Prophetengabe, Unterscheidung der Geister, Sprachengabe, Auslegung der Sprachen, und er schließt: *„Das alles wirkt ein und derselbe Geist, der einem jeden zuteilt wie er will*" (Vers 11). Dann fügt er zwei Bilder an, nämlich jenes des menschlichen Leibes, und in Parallele dazu jenes von der Kirche. Er legt zunächst die Verschiedenheit der Glieder im menschlichen Leibe dar und wie sie zu einer Einheit verwachsen sind: *„Der Leib ist zwar eins, hat aber viele Glieder. All die vielen Glieder des Leibes bilden jedoch zusammen einen Leib. So ist es auch bei Christus.*" Wir hätten eigentlich erwartet, Paulus würde sagen: So ist es auch bei der *Kirche*; aber er sagt: So ist es auch bei *Christus*, weil er eben den Gesamt-Christus im Auge hat, Christus als das Haupt, die Gläubigen als die Glieder. Wir Christen bilden mit Christus einen Leib, und jeder Christ hat in diesem Leib eine ganz bestimmte Aufgabe und Funktion. Wir alle sind durch die Taufe in einem Geist zu einem Leib geworden, ob Juden oder Heiden, Sklaven oder Freie, wir sind alle von einem Geiste durchtränkt, d.h. in uns allen wirkt derselbe Heilige Geist, der Geist Christi und der Geist der Kirche. Jetzt kommt Paulus wieder auf den natürlichen Leib zu sprechen: Dieser besteht nicht nur aus einem Glied, sondern aus vielen. *„Wenn der Fuß sagte, ich bin nicht Hand und gehöre darum nicht zum Leibe, so gehört er doch zum Leibe. Wenn das Ohr sagt, ich bin nicht Auge und gehöre darum nicht zum Leibe, so gehört es doch zum Leibe. Wäre der ganze Leib nur Auge, wo bliebe das Gehör? Wäre er ganz Gehör, wo bliebe der Geruchssinn?"* Gott hat einem jeden einzelnen Glied seine Aufgabe im Leibe gegeben, wie es seinem Willen entsprach. Dann spricht er von der Abhängigkeit der Glieder untereinander: *„Das Auge darf nicht zur Hand sagen: Ich brauche dich nicht, das Haupt nicht zu den Füßen: Ich brauche euch nicht."* Ein Glied ist also auf das andere angewiesen, es kann seine Aufgabe nicht ohne die anderen Glieder erfüllen. Dann schließt der hl. Paulus seine Überlegungen über den menschlichen Leib mit der ganz fundamentalen Aussage: *„Ihr seid der*

Leib Christi und als Teile betrachtet seine Glieder - Vos estis corpus Christi, et membra de membro." Hier haben wir die Hauptaussage des ganzen 12. Kapitels des 1. Korintherbriefes, ja sogar die Hauptaussage des ganzen Briefes.

Die Kirche ist der geheimnisvolle Leib Jesu Christi. Nach dieser Feststellung fährt der Völkerapostel fort: „*Die einen hat Gott in seine Kirche zunächst zu Aposteln bestimmt, andere zu Propheten, wieder andere zu Lehrern, ferner für Wundertaten, für Krankenheilungen, für Hilfeleistungen, für Verwaltungs- aufgaben, für allerlei Sprachengaben. Sind nun alle Apostel? Alle Propheten, alle Lehrer, alle Wundertäter? Haben alle die Gabe der Heilung? Reden alle in Sprachen? Haben alle die Gabe der Auslegung?*" Jetzt fordert er die Korinther auf, nach den höchsten Gnadengaben zu streben und zeigt ihnen den noch vorzüglicheren Weg der Liebe, welche diesen ganzen Leib belebt und durchflutet. Die Kirchenväter haben die Kirche oft als den „*Liebesbund Jesu Christi*" bezeichnet. Paulus ruft den Korinthern zu: „*Ihr seid der Leib Christi*"; ein Gleiches ruft er uns, ruft er allen Getauften zu: „*Ihr seid der Leib Christi, und jeder von euch ist ein Glied an diesem geheimnisvollen Leibe.*"

Im ersten Kapitel des Kolosserbriefes stellt er dann die herausragende Rolle des Hauptes in diesem Leibe dar. Dort heißt es: „*Er hat uns der Gewalt der Finsternis entrissen und in das Reich seines geliebten Sohnes versetzt [er hat uns der Kirche eingegliedert]. In ihm haben wir die Erlösung durch sein Blut, die Vergebung der Sünden; er ist das Ebenbild des unsichtbaren Gottes, der Erstgeborene vor aller Schöpfung. In ihm ist alles erschaffen im Himmel und auf Erden, sichtbares und unsichtbares, Throne, Herrschaften, Fürstentümer und Mächte. Alles ist durch ihn und für ihn erschaffen. Er steht an der Spitze des Alls, das All hat in ihm seinen Bestand. Er ist das Haupt des Leibes der Kirche, er ist der Anfang, der Erstgeborene von den Toten. So hat er in allem den Vorrang*“ (Kol I, 13-18). Man kann die Bedeutung des Hauptes für den ganzen Leib nicht genug herausstreichen. Ohne das Haupt gibt es keinen belebten Leib; vom Haupt geht die Leitung des ganzen Leibes aus, all die Nervenstränge, die Befehle kommen sozusagen vom Haupt. Und so ist es bei der Kirche: Christus ist das Haupt dieses geheimnisvollen Leibes.

Im Epheserbrief führt der hl. Paulus aus, Christus sei als hingeopferter Erlöser der

Lösepreis für uns, dass wir überhaupt diesem mystischen Leib in der Taufe haben eingegliedert werden können, und dass Christus andererseits das Haupt der erlösten Menschheit ist. Der Heilige Geist selber ist die Seele dieses geheimnisvollen Leibes, er belebt ihn und macht ihn fruchtbar. Wie die Seele den natürlichen Leib belebt, so ist es in der Kirche: Der Heilige Geist, welcher der Geist Jesu Christi und der Geist des Vaters ist, er belebt die Kirche.

Welche Stellung hat die **allerseligste Jungfrau Maria** in diesem Leib? Sie wird von den Kirchenvätern und von den Theologen oft mit dem *Hals* am Leibe verglichen, denn sie ist die Vermittlerin aller Gnaden. Alles, was von Christus ausgeht und auf die Glieder überströmt, geht sozusagen durch den Hals hindurch, geht durch die allerseligste Jungfrau Maria. Dieses Bildnis verwendet vor allem der hl. Bernadin von Siena. Man kann aber die allerseligste Jungfrau Maria auch als das *Herz* des mystischen Leibes sehen. Das Herz belebt den ganzen Leib, pumpt das Blut in alle Glieder. So hat die allerseligste Jungfrau Maria diesen belebenden Anteil, diese belebende Aufgabe im ganzen mystischen

Leibe. Wenn wir auf das Pfingstfest schauen, dann lesen wir, dass die Apostel nach der Himmelfahrt Christi hinaufgestiegen sind in den Abendmahlssaal, um dort zu beten *„mit Maria, der Mutter Jesu"*. Maria ist von Anfang an die Mitte der Kirche. Die Apostel haben sich um sie geschart, und so kann man sie im wahrsten Sinne als das Herz des mystischen Leibes bezeichnen.

Warum aber sollen wir überhaupt diesem mystischen Leibe eingegliedert werden? Wäre es nicht weit besser, wenn Gott jedem einzelnen direkt seine Gnade gäbe? Aber dies entspricht nicht dem Plane Gottes; vielmehr wollte er eine Gemeinschaft gründen, einen Organismus, dem die Menschen eingepflanzt, eingegliedert werden sollen, um der Reichtümer Jesu Christi teilhaftig zu werden. Schauen wir noch einmal auf das Gleichnis vom Weinstock und den Reben: Die Rebe ist deshalb am Weinstock, damit sie vom Saft des Weinstocks durchflutet wird; sonst verdorrt sie. Der Weinstock gibt ihr dazu die Kraft, dass die Beeren reifen und wachsen können, und so will auch Christus uns sich eingliedern, damit wir nicht im geistigen Tode bleiben, sondern an seinen Reichtümern teilhaben, seine göttliche Gnade, sein göttliches Leben empfangen. Er ist in seiner Menschheit der Kanal, fortgesetzt durch die Sakramente, durch den uns das Leben der allerheiligsten Dreifaltigkeit zuströmt. Es ist dies ein Leben der Erkenntnis, der Liebe und der Kraft. Diese Eingliederung vollzieht sich in der Taufe. Wir werden dem göttlichen Stamm wie ein Reis dem Baum aufgepfropft. Die Vollendung dieser Eingliederung vollzieht sich dann in der hl. Eucharistie, von der der Herr sagt: „*Wer Mein Fleisch isst und Mein Blut trinkt, der bleibt in Mir und Ich in ihm*". In ihr ist ja Christus wahrhaft, wirklich und wesentlich gegenwärtig, mit Leib und Seele, mit Fleisch und Blut, mit Gottheit und Menschheit, so dass wir im eigentlichen Sinn ein Teil des Gesamtchristus werden. In ihr nehmen wir einerseits den gekreuzigten und auferstandenen Christus in unser Herz auf; auf der anderen Seite nimmt uns Christus in sich auf. Es ist eine Verbindung, die nicht inniger und tiefer sein könnte. Dabei empfangen wir Christus als das Haupt des mystischen Leibes und treten so auch in die innigste Verbindung mit allen anderen Gliedern dieses Leibes, mit unseren Angehörigen, Verwandten und Freunden, insbesondere aber mit der Hierarchie der Kirche und all ihren Gliedern:

Dem Papst, den Bischöfen, den Priestern, den Ordensleuten, den Glaubensboten nah und fern, den Familien, den Armen und den Leidenden. Die Kirchenväter haben von der Eucharistie als dem Brot des Lebens gesprochen. Wie die Weizenkörner vorher verstreut über den Bergen in den Ähren wachsen und jetzt zu *einem* Brote bereitet werden, so werden wir durch die Eucharistie zu *einem* Leibe Christi, wir vereinigen uns mit dem Herrn und vereinigen uns untereinander. Lesen wir noch einmal nach beim hl. Paulus im 1. Korinther-
brief: „*Ist das Brot, das wir brechen, nicht die Gemeinschaft mit dem Leibe Christi? Weil es ein Brot ist, so bilden wir viele einen Leib. Wir nehmen ja alle an dem einen Brote teil*" (1. Kor X, 16-17). Noch einmal: Wie die Beeren zu einem Wein bereitet werden, so sollen die Gläubigen zu einem Leib gestaltet werden. Damit ist auch klar: Kein Gläubiger kann losgetrennt von den anderen sein Heil erreichen. Man rettet sich nie ganz allein und geht auch nie ganz allein verloren. Es geht immer um den Gesamtchristus, in dem die Gläubigen verschiedene Aufgaben haben, die alle auf den Aufbau dieses mystischen Leibes hingeordnet sind, der seinerseits die

Vorbereitung des himmlischen Jerusalems, der triumphierenden Kirche des Himmels ist. Der eine kümmert sich um die Erziehung der Jugend, der andere um die Kranken, ein dritter um die Alten und Verlassenen, ein vierter um ein Missionswerk in fernen Landen, ein fünfter um das Schriftenapostolat in der eigenen Heimat. Es gibt die beschaulichen Orden, und es gibt die tätigen Orden. Wie die Menschen im natürlichen Bereich mit verschiedenen Gaben und Talenten ausgestattet sind, so ist es auch im mystischen Leib Christi. Aber noch einmal: Diese verschiedenen Aufgaben müssen alle hingelenkt sein auf die Erbauung des mystischen Leibes Christi, und im Einsatz für dessen Entfaltung und Wachstum wächst die Seele auch individuell. Der Einzelne steht im Dienste des Gemeinwohles der Kirche und rettet so seine Seele. Ein vollkommen individuelles Heil ist ein protestantischer Irrtum; es hat ein solches nie gegeben und es wird ein solches nie geben.

Schließlich ist der mystische Leib auf Erden letzten Endes auf die Verherrlichung des dreifaltigen Gott ausgerichtet. Folglich müssen wir gerade auch in dieser Familie der Tradition zu einer Gebets-, Opfer-, Liebes- und Leidensgemeinschaft zusammenwachsen und die Worte des hl. Paulus im Hohelied der Liebe im 13. Kapitel des 1. Korintherbriefes beherzigen: *„Die Liebe ist geduldig, sie ist sanftmütig, die Liebe denkt nicht an das Ihre, sie schaut immer auf das, was allen nützlich ist. Die Liebe hört nie auf!*“ Damit ist auch gesagt: Jedes Glied am mystischen Leibe muss ein entsprechendes sittliches und religiöses Leben führen, damit wir das Haupt, Christus, nicht entehren, sondern gemäß seiner Heiligkeit und als Tempel des dreifaltigen Gottes leben. Deshalb sagt der hl. Leo der Große in einer Weihnachtspredigt: *„Bedenke, du bist ein Glied des Leibes, dessen Haupt Christus ist. Falle nicht zurück in den alten Sauerteig der Sünde*“.

Stellen wir noch die Frage: Wer erbaut diesen mystischen Leib Christi in Raum und Zeit? Als Erstursache natürlich Christus selber. Aber er bedient sich dabei der Werkzeuge. Es sind die Bischöfe und ihre Gehilfen, die Priester und Diakone, die wahren Erbauer des geheimnisvollen Leibes. Sie taufen und gliedern die Seelen diesem Leib ein, sie feiern die Eucharistie und vollenden in der Spendung des allerheiligsten Sakramentes diese Eingliederung; sie lassen die Sünden nach, spenden im Sakrament der Firmung den

Heiligen Geist, segnen die Ehen ein, in denen das Menschengeschlecht fortgepflanzt wird, in denen Seelen geschaffen werden sollen, die dann diesem Leibe eingegliedert werden. Unter den Bischöfen hat einer die allererste Stelle inne: Petrus. Zu ihm hat Christus gesagt: *„Du bist Petrus, auf diesen Felsen will ich meine Kirche bauen und die Pforten der Hölle werden sie nicht überwältigen. Und dir gebe ich die Schlüssel des Himmelreiches*“ (Mt XVI, 18). Petrus ist das Fundament dieses geistigen Gebäudes; ohne Fundament gibt es aber kein Gebäude. Ohne Petrus gibt es keine Kirche.

Nach seiner Auferstehung trägt der Herr dem Petrus auf: „*Weide meine Schafe, weide meine Lämmer.*“ Keinem anderen Apostel hat er dies in gleicher Weise aufgetragen. Nur für Petrus hat er gebetet, dass dessen Glaube nicht wanke. In allen Apostellisten wird an erster Stelle Petrus genannt. Als Christus eines Tages am Ufer des Sees Genesareth zur Volksmenge predigt, da steigt er in das Schiff des Petrus und predigt von dort aus. Er verkündet von der Petruskirche aus der Welt seine göttliche Wahrheit. Unmittelbar darauf trägt er den Aposteln auf: „*Fahrt hinaus auf die See und werfet die Netze aus.*“ Er will sie zu Menschenfischern machen, die die Seelen im

Netz der Kirche fangen. Weil Petrus als Ortsbischof von Rom gestorben ist, deshalb ist sein Nachfolger auf dem Römischen Stuhl immer der Oberste Hirte der Kirche. Der Papst kann nie der Bischof von Köln oder von Mailand oder von New York sein. Selbst wenn er sich längere Zeit außerhalb von Rom aufhält, wie dies im Mittelalter in Avignon geschehen ist, so ist und bleibt er der Bischof von Rom. Wenn die Kardinäle den Papst wählen, dann wählen sie als Stadtpfarrer von Rom ihren Ortsbischof, der, sobald er die Wahl annimmt, durch Gott selber zum Obersten Hirten der gesamten Herde eingesetzt wird.

VI.

Wir müssen jetzt noch einige Eigenschaften dieses mystischen Leibes näher betrachten; zunächst einmal geht es um die vier Charakteristika, die **vier Merkmale** der Kirche: Sie ist eine, heilig, katholisch und apostolisch.

1. Die Kirche ist ***eine***, d.h. sie bekennt ein und denselben Glauben, sie feiert einen Kult, d.h. sie bringt dasselbe hl. Messopfer dar und spendet dieselben Sakramente; die Gläubigen sind geschart um die Hierarchie, die sie leitet und regiert. Der hl. Paulus sagt: „*Ein Glaube, eine Taufe, ein Gott und Vater aller*" (Eph IV, 5-6). Christus kann nicht verschiedene Bräute haben, er hat nur *eine* Braut. Wenn es um das Heil des Menschen geht, dann gibt es folglich nur einen einzigen Weg, und dieser Heilsweg ist Christus zusammen mit seiner Kirche. Oder anders gesagt: Christus wirkt das Heil in seiner Kirche und durch seine Kirche, wie die Menschen zur Zeit des Noe nur in der Arche und durch die Arche gerettet wurden.

2. Die Kirche ist ***heilig.*** Dies bedeutet nicht, dass alle ihre Glieder Heilige wären; vielmehr umfasst sie in ihrem Schoß Heilige und Sünder. Aber sie ist eine göttliche Stiftung, sie besitzt heilige Mittel, nämlich das Opfer, die Sakramente und Gebete, sie hat eine heilige Lehre und führt die Menschen zur Heiligkeit. Es wird in der Kirche immer wenigstens einige Heilige geben, Menschen, welche den Gipfel der christlichen Vollkommenheit erreicht haben.

3. Die Kirche ist ***katholisch***. Katholisch meint hier nicht so sehr eine Abgrenzung zum Protestantismus oder zu anderen Bekenntnissen, sondern bedeutet *allgemein*, allumfassend: alle Völker, jede einzelne Seele ist dazu berufen, in ihren Schoß eingegliedert zu werden. Christus hat zu seinen Aposteln gesagt: „*Gehet hinaus in alle Welt und lehret alle Völker*". Solange eine einzige Seele auf dieser Welt die Stiftung Christi noch nicht mit allen Konsequenzen angenommen hat, können wir keine Ruhe finden; denn dann ist der Auftrag Christi noch nicht erfüllt. Die Kirche birgt Arme und Reiche, Weiße und Schwarze, Junge und Alte, Männer und Frauen, Gebildete und Ungebildete in ihrem Schoß. Die ihr in die Hände gelegten Mittel sind so allgemein wirksam und entsprechen so allgemein der menschlichen Natur, dass es kein Volk und keine Kultur gibt, die davon ausgeschlossen wären. Wieviel anders sind dazu im Vergleich die Sekten und auch die anderen Weltreligionen, wie der Islam, der Buddhismus und der Hinduismus! Diese haben sich in einzelnen Gegenden der Welt oder unter bestimmten Bevölkerungsschichten festgesetzt; aber sie sind eben nicht allgemein, allumfassend, katholisch.

4. Die Kirche ist ***apostolisch.*** Sie geht auf die Apostel zurück in einer ununterbrochenen Sukzession. Würde diese Reihe eines Tages tatsächlich unterbrochen, so würde die Kirche nicht mehr existieren. Es ist hier wie bei einem am Wasserhahn angeschlossenen Schlauch:

Wenn er sich aus der Halterung löst, dann fließt kein Wasser mehr durch ihn. Die Bischöfe geben in der Priesterweihe und Bischofskonsekration durch Handauflegung jene geistige Vollmacht weiter, die sie selbst empfangen haben. Man spricht hier von der apostolischen Sukzession.

Der hl. Papst Pius X., unser großer Patron, hat noch ein Merkmal hinzugefügt: Er sagt, die Kirche sei immer **angefochten, immer verfolgt und stehe immer im Kampf**. Tatsächlich wird die wahre Kirche Jesu Christi von der Welt nie in Ruhe gelassen, weil sie in ihrer Heiligkeit und in ihrem sittlichen Streben immer ein Aufruf an die Welt ist, sich zu bekehren. Weil die Welt sich nicht bekehren will, deshalb muss diese unangenehme Mahnerin beseitigt werden. Hier liegt der tiefste Grund der Christenverfolgung. Prälat Dr. Georg May sagte vor einiger Zeit in Bezug auf die heutige Situation: *„Ein Bischof, der von den Massenmedien, die größtenteils in der Hand liberaler und linksorientierter Journalisten sind, in Ruhe gelassen wird, kann kein guter Bischof sein.“* Wenn darum die deutschen Bischöfe von den Massenmedien weitgehend in Ruhe gelassen und sogar hofiert werden, ergibt sich sofort die Folgerung, dass sie ihrem

Amt nicht gerecht werden.

Die Kirche ist, wie wir festgestellt haben, der mystische Leib Jesu Christi, und dies trifft allein auf die katholische Kirche zu. Deshalb ist es ein Frevel zu sagen, die Kirche *subsistiere* in der katholischen Kirche. Vielmehr besteht eine Identifikation: Die Kirche *ist* die katholische Kirche, sie allein ist der mystische Leib Christi. Papst Pius XII. hat dies in seiner wunderbaren Enzyklika *Mystici Corporis* im Jahre 1943 noch einmal klar herausgestellt. Die Kirche ist nicht aufgeteilt zwischen Katholizismus, Orthodoxie und Protestantismus; vielmehr ist sie auf Petrus gegründet.

Ein weiteres Merkmal der Kirche ist ihre **Sichtbarkeit**. So wie Christus unter uns mit einer sichtbaren Menschennatur aufgetreten ist, so ist auch die Kirche sichtbar, d.h. sie hat eine sichtbare Hierarchie, einen sichtbaren Kult, ein sichtbares Opfer und spendet die Sakramente in der Form äußerer Zeichen. Wir müssen damit John Wycliff, Jan Hus und Luther mit aller Entschiedenheit widersprechen, die mehr oder weniger eine unsichtbare Kirche verkündet haben.

Die Kirche ist **göttlich und menschlich**

zugleich, d.h. sie ist eine göttliche Stiftung, aber von Menschen getragen, so wie Christus wahrer Gott und wahrer Mensch in einem ist. Das menschliche Element ist in der Kirche noch viel stärker ausgeprägt als in ihrem Stifter, der selber sündenlos, der ganz Heilige, Unbefleckte und Makellose ist, während die Menschen als Träger der Kirche alle Kinder Adams sind, mit der Erbsünde belastet und mit persönlichen Schwächen behaftet und mit Sünden befleckt. Deshalb gibt es in der Kirche auch immer wieder Ärgernisse; aber das darf uns an ihr nicht irremachen. Christus hatte unter seinen Aposteln einen Verräter, und Petrus hat ihn in der Leidensnacht dreimal verleugnet. Der hl. Paulus sagt, er trage den göttlichen Gnadenschatz in einem zerbrechlichen, armseligen und schwachen Gefäß.

Die Kirche ist sodann indefektibel, d.h. sie kann nicht untergehen, weil Christus ihr Haupt und der Heilige Geist ihr Lebenshauch ist. Ihr göttlicher Stifter verheißt es: „*Die Pforten der Hölle werden sie nicht überwältigen*" (Mt XVI, 18). Das ist eine göttliche und damit unfehlbare Verheißung; aber selbst wenn wir sie nicht hätten, wüssten wir, dass die Kirche unsterbliches Leben hat, weil sie der mystische Leib Christi ist und Christus unsterblich ist.

Die Kirche ist eine vollkommene Gesellschaft. Ich habe am Anfang meines Vortrags ausgeführt, was dies bedeutet: Dass sie ihr Ziel aus eigener Kraft, aus eigenen Mitteln heraus erreichen kann. Der Staat ist eine vollkommene Gesellschaft im natürlichen und die Kirche ist eine vollkommene Gesellschaft im übernatürlichen Bereich. Nur diese beiden sind vollkommene Gesellschaften. Die Kirche kann nämlich ihr Ziel aus eigenen Kräften heraus erreichen: Ihr ist alles in die Hände gelegt, um sich selbst zu erhalten, zu wachsen und zu ihrer endgültigen Form, der triumphierenden Kirche des Himmels, heranzureifen.

Werfen wir noch einen Blick auf den **Sedevakantismus**, d.h. auf jene Grüppchen und Menschen, die mit Hartnäckigkeit behaupten, der heutige Papst sei nicht Papst. Aber seit wann ist der päpstliche Stuhl unbesetzt? Darüber gehen die Meinungen unter diesen z.T. fanatischen Eiferern schon auseinander. Nun aber ist die Kirche sichtbar; also muss es jedem gutwilligen Katholiken klar und auf den ersten Blick einsichtig sein, dass ab diesem oder jenem konkreten Zeitpunkt der Papst nicht mehr Papst ist. Können sich die wahren Katholiken über einen solchen Zeitpunkt nicht einig werden, dann ist dies ein Zeichen, dass es einen solchen Zeitpunkt nie gegeben hat.

Weiter: Wenn der heutige Papst nicht Papst ist, dann war wohl auch Johannes Paul II. kein Papst und wahrscheinlich auch nicht Paul VI. Dann sind sämtliche Bischöfe, die sie ernannt haben, keine kanonischen Bischöfe; dann sind sämtliche Kardinäle, die sie ernannt haben, keine Kardinäle. Wie kann dann die Kirche jemals wieder einen Papst bekommen? Als vollkommene Gesellschaft muss sie doch aus eigener Kraft heraus ihre Existenz sicherstellen und ihr Ziel erreichen können. Da dies bei Annahme der Sedevakantismus-Theorie nicht der Fall ist, muss man diese aus dogmatischen Gründen heraus als Irrtum verwerfen.

VII.

Wer gehört zum mystischen Leib Christi? Es sind drei Bedingungen, um als sein Glied ausgewiesen zu werden:

1. Man muss den gesamten katholischen Glauben bekennen.

2. Man muss getauft sein.

3. Man muss sich der rechtmäßigen Hierarchie in ihren rechtmäßigen Anordnungen untertan zeigen.

Wir brauchen uns hier nicht lange aufzuhalten bei einem falschen Gehorsams- begriff, durch den vor allem Vertreter der Hierarchie, die die ganze Tradition der Kirche missachten, uns auf ihre Missachtung einschwören wollen. Gehen wir auf etwas anderes ein, nämlich auf ein Wort des Präfekten der Glaubenskongregation, Kardinal Müller. In einer Laudatio für den protestantischen Landesbischof Dr. Johannes Friedrich sagte er im Oktober 2011 folgendes: „*Auch die Christen, die nicht in voller Gemeinschaft der Lehre, der Heilsmittel und der apostolisch-bischöflichen Verfassung mit der katholischen Kirche stehen, sind durch Glaube und die Taufe gerechtfertigt und in der Kirche Gottes als Leib Christi voll eingegliedert.*“ Diese Feststellung ist schlicht und einfach falsch! Die Grundvoraussetzung, der Kirche anzugehören, ist der volle katholische Glaube, d.h. die volle Annahme der Offenbarung Gottes, wie sie die Kirche verkündet. Dieser wird von dem protestantischen Landesbischof Dr. Johannes Friedrich sicher nicht geteilt.

Oder glaubt er inzwischen an den päpstlichen Primat? Glaubt er an die Wesensverwandlung in der hl. Messe? Glaubt er an den Sühnecharakter des hl. Opfers unserer Altäre? Glaubt er an die Unbefleckte Empfängnis Mariens? Glaubt er an das Fegfeuer? Wenn es dann um die Regierungsgewalt der Kirche geht, so ist zu fragen, ob er sich den rechtmäßigen Anordnungen der Hierarchie unterordnet. Da dies alles nicht der Fall ist, müssen wir in der Behauptung Kardinal Müllers widersprechen.

VIII.

Es gibt im Alten Testament eine ganze Reihe von **Vorbildern** der hl. Kirche: Als erstes das auserwählte Volk Israel. So wie dieses die Brautnation Gottes war, so ist heute die Kirche die Brautnation des geschlachteten Lammes. Sodann wird die Kirche immer wieder gefeiert als das neue Jerusalem. Wie das alte Jerusalem seinen Tempel als Ort des Gebetes und des Opfers besaß, so besitzt die Kirche als das neue Jerusalem ihre Altäre für das heilige Messopfer, ihre Kathedralen, Kirchen und Kapellen als Orte des Gebetes. Die Kirche ist vorgebildet in der Arche Noes, in der nur acht

Menschen, nämlich Noe und die Seinen, gerettet werden. Man muss in der Arche sein, um in der Flut nicht unterzugehen. Diese Flut ist andererseits ein Vorbild der hl. Taufe, da sie die Welt von Sünde und Schuld reinigt. Damit bekennen wir uns ausdrücklich zu dem Grundsatz: *extra ecclesiam, nulla salus* - außerhalb der Kirche gibt es kein Heil.

IX.

Die Kirche besteht konkret in **drei Teilen** oder Zuständen: Es ist die **streitende** Kirche auf Erden, die **triumphierende** Kirche des Himmels und die **leidende** Kirche des Fegfeuers.

Zur **streitenden** Kirche gehören alle, welche die in Punkt VII genannten drei Bedingungen erfüllen. Sie ist nichts anderes als die Vorbereitung der triumphierenden Kirche des Himmels.

Die **triumphierende** Kirche des Himmels ist die Gemeinschaft der Heiligen, die ihr Endziel bereits erreicht haben und mit Abraham, Isaak und Jakob zu Tische sitzen. Es ist von einem Gastmahl die Rede, wo die Auserwählten sich an der himmlischen Seligkeit sättigen. Auch die triumphierende Kirche des Himmels ist somit Gemeinschaft, dargestellt als Hochzeitsfeier des Lammes:

„Dann sah ich einen neuen Himmel und eine neue Erde. Der erste Himmel und die erste Erde sind dahin und auch das Meer ist dahin. Darauf sah ich die heilige Stadt, das neue Jerusalem aus dem Himmel von Gott herniedersteigen. Sie war ausgestattet wie eine Braut, die für ihren Bräutigam geschmückt war. (...) Da kam einer von den sieben Engeln mit den sieben Schalen. Er sprach zu mir: Komm, ich will dir die Braut zeigen, die Gattin des Lammes. Und er entrückte mich im Geist auf einen hohen Berg und zeigte mir die heilige Stadt Jerusalem, wie sie aus dem Himmel von Gott herabkam in der Herrlichkeit Gottes. Sie funkelte wie Edelstein, wie der kristallhelle Jaspis. Sie hatte eine große, hohe Mauer mit 12 Toren. Auf den Toren standen 12 Engel und Namen waren darauf geschrieben, die Namen der 12 Stämme Israels. Drei Tore lagen gegen Osten, drei gegen Norden, drei gegen Süden und drei gegen Westen“ (Offb XXI, 1-13). Sie sehen hier noch einmal die Kirche als die *catholica* dargestellt, die alle Völker umfasst. Die Mauer hat 12 Grundsteine, das sind die 12 Apostel, und die Erwähnung der 12 Stämme

Israels deutet darauf hin, dass die Kirche des Alten Testamentes mit der Kirche des Neuen Testamentes eine einzige Kirche bildet.

Die **leidende** Kirche des Fegfeuers bilden jene Seelen, die im Zustand der Gnade verschieden sind, aber noch der Reinigung bedürfen, um vor Gott hintreten und ihn von Angesicht zu Angesicht schauen zu können.

X.

Gott gibt das Heil der einzelnen Seele nicht direkt, sondern in der Kirche und durch die Kirche, weil die Kirche der mystische Leib Christi ist und weil Christus, das Haupt, mit seiner Kirche untrennbar verbunden ist. Er sagt von sich selbst: *„Ich bin der Weg, die Wahrheit und das Leben, niemand kommt zum Vater außer durch mich“* (Joh XIV, 6). Wir verstehen das: Wenn Gott in seinem Heilswillen selber Mensch geworden ist und zu unserer Rettung an einem Kreuz starb, dann kann es keinen anderen Heilsweg geben. Dieser Heilsweg schließt notwendigerweise seinen mystischen Leib, seine Braut, mit ein. Wer darum bewusst und willentlich außerhalb der Kirche steht, kann nicht gerettet werden. Ohne Zweifel gibt es Menschen, die in einem unüberwindbaren Irrtum leben, die das Evangelium annehmen würden, wenn es ihnen gepredigt würde und die auch ihre Sünden bereuen. Äußerlich stehen sie außerhalb der Kirche, innerlich sind sie auf die Kirche hingeordnet. Was aber ist das äußere Kriterium für diesen inneren Willen? Es ist kein anderes als dieses: Wenn ihnen das Evangelium vollinhaltlich gepredigt wird, dann treten sie auch tatsächlich in die Kirche ein. Wer außerhalb der sichtbaren Kirche stehenbleibt, kann seines Heiles nicht sicher sein.

Das Thema unserer Ausführungen lautet: ***Die Kirche, unsere Freude, unsere Liebe, unser Stolz***. Die Kirche ist unsere **Freude**, denn sie ist der handelnde und rettende Gott auf dieser Erde. Wenn der himmlische Vater von seinem Thron auf die Erde herniederschaut, dann sieht er mit Wohlgefallen vor allem seine Kirche, und in dieser seinen vielgeliebten Sohn, der als Haupt in der Kirche fortlebt und fortwirkt. Alles andere auf dieser Erde sind Nebensächlichkeiten: Die Politik, die Wirtschaft, das Finanzwesen, und selbst das Soziale. Die Welt, die Menschheit ist einzig und allein auf den mystischen Leib Christi hingeordnet; sie besteht nur solange, bis der Letztberufene diesem Leibe eingegliedert ist und so sein Heil findet. Dann ist das Ende der Zeiten gekommen. Wir alle sind zum Aufbau des mystischen Herrenleibes berufen, jeder gemäß seinen Fähigkeiten, Talenten und Gaben. Wirken wir mit durch unser Gebet, unsere freudig getragenen Prüfungen des täglichen Lebens, aber auch durch unsere großherzigen Spenden, um Schulen zu errichten, Exerzitienhäuser, Kapellen, Priorate, Priesterseminare und Klöster: all dies ist der konkrete Aufbau des geheimnisvollen Herrenleibes. Welch eine Freude darum, dieser Kirche anzugehören und an diesem Aufbau mit Hand anlegen zu dürfen!

Diese Kirche ist unsere **Liebe**, weil Gott unsere Liebe ist, weil unser Herr Jesus Christus unsere Liebe ist. Wie die Devise „Gott - ja, Christus, der fleischgewordene Gott - nein“ eine große Illusion ist, so ist es auch die andere „Christus - ja, Kirche - nein“. *Dilexit ecclesiam* - er hat die Kirche geliebt, müsste man auf unseren Grabstein schreiben können.

Die Kirche ist auch unser demütiger **Stolz**, diese Kirche mit ihrem zweitausendjährigen Gnadenwerk, der Schar ihrer Heiligen und Märtyrern, dem Glanz ihrer Lehre, der

Schönheit ihrer Rituale und Zeremonien, der Fruchtbarkeit ihrer Arbeit und Mühen. Aus freier Gnadenwahl Gottes dürfen wir ihr angehören. Es ist eine Auserwählung, eine Berufung, ein Akt des herablassenden Erbarmens und der unendlichen Güte Gottes. Womit haben wir verdient, ihr Sohn, ihre Tochter, ihr Kind zu sein, aus der Fülle ihrer zweitausendjährigen Tradition leben zu können, während Tausende und Millionen Menschen in Finsternis und Todesschatten sitzen? Seien wir erfüllt von großer Dankbarkeit Gott und seiner Kirche gegenüber, von einem gesunden katholischen Selbstbewusstsein und einem demütigen Stolz. Die Hymnen an die Kirche der großen Dichterin **Gertrud von Le Fort** drücken dies so aus:

Deine Diener tragen Gewänder, die
nicht alt werden,
und deine Sprache ist wie das Erz
deiner Glocken.
Deine Gebete sind wie tausendjährige
Eichen,
und deine Psalmen haben den Atem
der Meere.

Deine Lehre ist wie eine Feste auf
uneinnehmbaren Bergen.
Wenn du Gelübde annimmst, so hallen
sie bis ans Ende der Zeiten,
und wenn du segnest, baust du
Häuser im Himmel.
Deine Weihen sind wie große Zeichen
von Feuer auf den Stirnen,
niemand kann sie auslöschen.
Denn das Maß deiner Treue ist nicht
Menschentreue,
und das Maß deiner Jahre fasst
keinen Herbst.
Du bist wie eine beständige Flamme
über wirbelnder Asche!
Du bist wie ein Turm inmitten
reißender Wasser!
Darum schweigst du so tief, wenn die
Tage lärmen,
denn am Abend fallen sie in dennoch
an dein Erbarmen:
Du bist´s, die über allen Grüften betet!

Printed by Books on Demand GmbH, Norderstedt / Germany